Booster sa vie

1 minute par jour pour tout changer !

Emmanuel Piquemal

Booster sa vie

1 minute par jour pour tout changer !

Albin Michel

SOMMAIRE

AVANT-PROPOS

Ceci n'est pas un livre. C'est un stimulateur.

Il ne va pas vous prendre par la main et vous dire ce que vous devez faire. Si c'est ce que vous attendez, reposez-le tout de suite ! Si, en revanche, vous souhaitez prendre les choses en main et agir, munissez-vous d'un stylo. Ce manuel doit vous permettre de construire votre vie à votre image.

Ce livre se veut aussi sans fioriture. Que vous soyez dans votre lit, dans le métro ou ailleurs, il ne va pas chercher à flatter votre intellect en utilisant des mots compliqués. Il va droit au but.

Je n'invente rien. Les notions abordées ici ne sont pas les miennes : elles appartiennent à tous et doivent être utiles à d'autres. Appropriez-les-vous pendant quelques semaines, testez-les.

Servez-vous de ce livre comme d'un laboratoire ambulant vous permettant de regrouper vos forces et d'agir. Bien que ces notions soient utiles dans de nombreux cas, elles ne sont pas applicables dans toutes les situations.

Ni ce livre ni moi ne pouvons travailler à votre place. Il n'y a que vous qui puissiez modifier votre environnement de vie. Si vous souhaitez que les choses changent, il faudra que cela vienne de vous.

Ce qui suit ne correspond pas à toutes les personnalités. Mais si ce livre est arrivé entre vos mains, ce n'est pas par hasard. Soit vous avez cherché ce genre d'ouvrage, soit on a pensé, en vous le donnant, qu'il pourrait vous servir.

Une seule question se pose : êtes-vous prêt à agir ?

1 MINUTE POUR TOUT CHANGER !

Mode d'emploi

LE LIVRE

Ce manuel est un « boosteur » écrit pour vous.

Il a 3 objectifs :

- Stimuler votre désir d'agir en vous mettant le pied à l'étrier.
- Vous faire gagner du temps : il suffit d'en lire une seule page pour faire naître plusieurs idées qui VOUS ressemblent.
- Vous permettre de noter ou schématiser immédiatement vos idées à même le livre pour ne rien oublier.

Ayez-le toujours à portée de main parce qu'on ne sait jamais quand on va avoir une idée ! Accrochez-y tout de suite un stylo et emportez-le partout avec vous : en métro, en voiture, au travail, en balade ou chez vous.

POUR L'UTILISER, CHOISISSEZ UN CHAPITRE ET SUIVEZ LES TROIS ÉTAPES SUIVANTES

1. *Lisez le chapitre.*

2. *Confrontez l'idée présentée avec votre vie personnelle et/ou professionnelle.*

3. *Écrivez, dessinez ce qui vous vient à l'esprit.*

Vous pouvez lire les chapitres au hasard, dans l'ordre du livre ou en suivant les renvois qui sont proposés (p. 134). Vous pouvez y réfléchir maintenant ou dans quelques années : ce sera toujours profitable.

VOUS

Vous souhaitez vous épanouir ?
Vous souhaitez améliorer votre vie ?
Vous souhaitez que votre environnement évolue comme vous le désirez ?
Quelle que soit votre situation personnelle ou professionnelle,

LE BOOSTEUR VA VOUS AIDER À AGIR.

Appliquez à votre quotidien les idées qui vous viendront à l'esprit et partagez-les avec vos proches, vos amis ou vos collègues. Il y a fort à parier que votre environnement évoluera en conséquence.

Faites-vous confiance. Les notions présentées ici sont des points d'appui qui permettent de révéler ce qu'il y a en vous, et de valoriser ce qui peut naître de vous. Vous avez de la valeur. Plus vous réfléchirez et agirez et plus vous augmenterez votre valeur. La vraie richesse n'est pas dans ce livre mais en vous. Ce livre n'est qu'un outil à votre disposition : laissez aller vos idées et vos pensées, écrivez-les et appliquez-les.

Le laboratoire

Ce livre est un laboratoire. Vous êtes votre propre laboratoire. Testez des comportements, changez vos habitudes momentanément et observez les conséquences dans votre environnement et en vous-même. Essayez des activités que vous n'auriez jamais eu l'idée de faire, observez ce qui en découle, et notez sur ce carnet comment cela enrichit votre vie. N'écrivez pas les points négatifs : ne gardez que le positif de ces expérimentations !

Vous avez toute latitude pour travailler sur vous : vous êtes un laboratoire ambulant ! Et le monde qui vous entoure est aussi un laboratoire. Testez vos idées sur vous et sur lui !

QUELLE EXPÉRIENCE AVEZ-VOUS FAITE DANS VOTRE LABORATOIRE DERNIÈREMENT ?

IDÉES À TESTER, CHOSES À FAIRE	CE QUE ÇA M'A APPORTÉ
... + discuter de moi aux autres (manon) Savoir m'imposer (qd il le faut) - Avoir + confiance (permis, W, amour)	

COMMENCEZ PAR VOUS-MÊME

Beaucoup de cultures insistent sur l'importance pour l'être humain de se recentrer sur lui-même. Nous cherchons parfois à changer notre environnement en modifiant des éléments qui nous sont extérieurs : travail, mode de vie, etc. Cependant, si nous souhaitons connaître un profond changement de notre environnement, il faut opérer auparavant un profond changement en nous-mêmes.

Vous pouvez faire le test dans votre vie : à la maison, dans votre vie professionnelle ou dans vos loisirs, changez certaines habitudes que vous aviez jusqu'à présent, et voyez les résultats. Nous dessinons l'environnement qui nous entoure.

LE CHANGEMENT COMMENCE PAR SOI-MÊME.

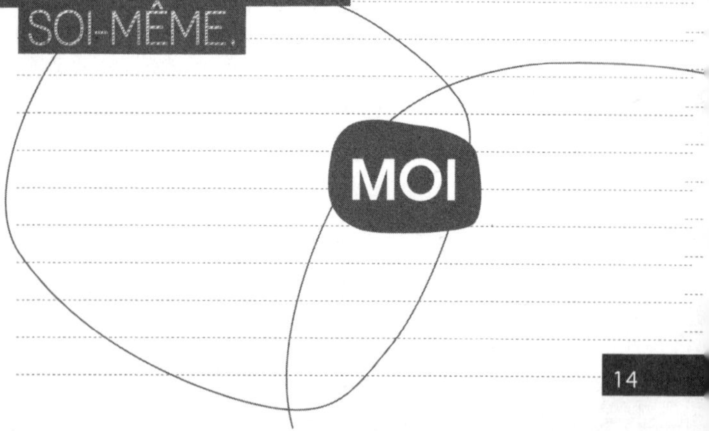

CE QUE J'AIMERAIS VOIR CHANGER

Me sentir mieux en famille, au boulot, avec unetelle...

→ Mon avenir professionnel (savoir où je vais)
→ Mes etudes (valider mon année)
→ Mon comportement par les choses importantes
↳ je suis adulte je dois m'occuper de certaines choses (papiers, impots...)

CE QUE JE VAIS CHANGER EN MOI ET DANS MES COMPORTEMENTS

Être plus ouvert(e); m'intéresser aux autres et écouter attentivement...

Tenter plus de choses
Sortir de ma zone de confort
chercher un petit boulot. (me bouger le cul)

APPRENEZ À VOUS CONNAÎTRE

La plupart des sages dans le monde, qu'ils soient d'Asie, d'Amérique du Sud ou d'ailleurs, insistent sur cette composante pour vivre bien et heureux : le travail sur soi. Il faut s'y mettre si l'on veut avancer et aller loin. Observez-vous quand vous interagissez avec votre environnement ; notez vos réactions, vos gestes, etc., quand on vous parle, ou quand vous éprouvez des difficultés personnelles ou professionnelles.

L'essentiel est d'être sur le chemin. Et le plus important est de parvenir à y rester. Vous n'y arrivez pas toujours ? C'est normal parce que cette pratique demande un effort constant. Vous y reviendrez tôt ou tard ! Veillez quand même à travailler régulièrement sur vous-même ; vous serez de plus en plus en accord avec vous et votre vie n'en sera que plus agréable.

SE CONNAÎTRE PERMET D'AMÉLIORER SA VIE.

DANS CETTE SITUATION

JE RÉAGIS EN...

Quand untel me critique. | *Me vexant.*

...

ENTREPRENEZ

Entreprendre, c'est comme marcher : si on ne fait pas d'effort, on n'avance pas. En revanche, dès qu'on entreprend, on avance ! Si vous lisez ces mots, c'est que vous entreprenez déjà quelque chose. Continuez ! Innovez ! Quelque chose vous retient ? Prenez un stylo, notez ce qui vous freine dans une colonne et surtout les solutions possibles dans une autre.

Vous avez déjà un projet précis : vous pouvez le décomposer en plusieurs étapes, et réaliser la première tout de suite. Vous pouvez aussi vous retourner et voir ce que vous avez déjà accompli pour vous encourager à poursuivre vos efforts. Vous pouvez enfin vous regrouper avec d'autres personnes pour entreprendre : l'émulation est une force !

IL N'ARRIVE RIEN À CELUI QUI NE FAIT RIEN !

MON PROJET

Aller au Brésil.

...

FREINS

Je ne suis pas capable de m'organiser.

SOLUTIONS

Acheter un livre sur l'organisation.

FIXEZ-VOUS DES OBJECTIFS PRÉCIS

Lorsque l'on entreprend, il est important de se fixer des objectifs précis (qu'ils soient personnels ou professionnels) parce que nous avons besoin de savoir où nous allons. Cela nous permettra de définir clairement comment y arriver, sinon nous prenons le risque de nous perdre en route, de nous disperser, etc.

C'est un peu comme une cible au tir à l'arc : si on ne vise pas précisément la cible, on a peu de chance de l'atteindre.

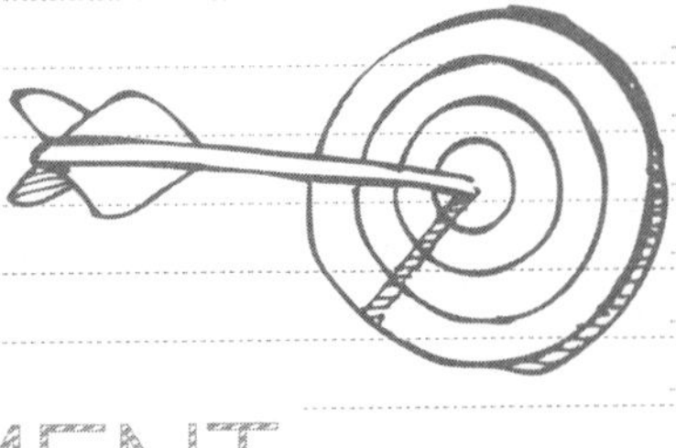

SACHEZ EXACTEMENT LÀ OÙ VOUS VOULEZ ALLER.

DANS 1 MOIS, JE VEUX...

...

Avoir mon permis
Trouver un petit boulot
Avoir commencé mon stage
// // // TER
Aller plus à Barcelone voir Nico puis Mpt voir
Suzie et la famille

DANS 6 MOIS, JE VEUX...

Avoir passé mon permis moto.

Avoir ma licence
Travailler cet été
Avoir trouvé ma voie
Feter le Titre d'Arsenal
Aller en Crète avec Manon d'amour.

DANS 1 AN, JE VEUX...

Avoir une demi-journée de repos par semaine.

Avoir lu une 10aine de livres (romans, manuels...
Me sentir bien dans mon corps et
ma tête
Ne plus être triste

VISEZ HAUT !

Dans la vie de tous les jours, on peut avoir tendance à se donner des objectifs en dessous de nos possibilités. Visez haut. Ne laissez pas l'appréhension vous limiter. Cernez les sources d'échec possible, prévoyez un plan B, puis posez des objectifs précis et atteignables, et faites confiance à votre potentiel.

Une fois l'objectif fixé, visez-le et ne pensez plus à l'échec. C'est comme en voiture : il faut porter son regard loin, là où l'on veut aller et non pas sur l'obstacle, sinon on va droit sur lui.

FIXEZ-VOUS DES OBJECTIFS QUI TIRENT VERS LE HAUT.

CE QUI ME TIRE VERS LE HAUT

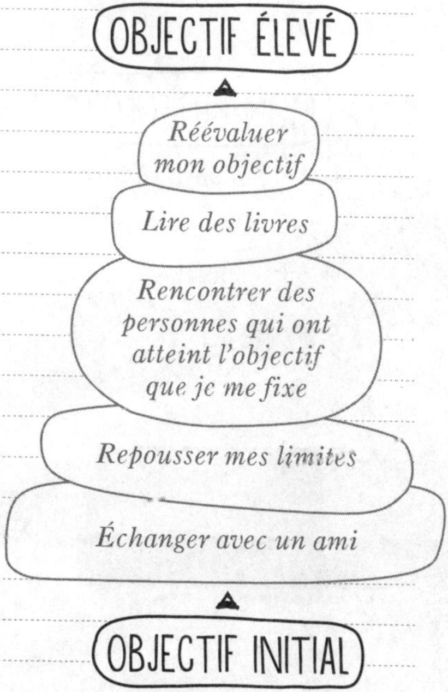

ORGANISEZ-VOUS

Si on veut avancer vite et bien, il faut s'organiser : cela prend un peu de temps au départ, mais on en gagne rapidement ensuite. Tout peut être optimisé grâce à une bonne organisation. Même les aléas éventuels peuvent être pris en compte.

Prenez du temps pour anticiper les événements à venir, les trier et les organiser. Une fois cette étape – qui peut être plus longue que prévu – réalisée, il sera plus facile de gérer la réalisation des objectifs. Commencez par avoir toujours sur vous un calepin ou un Smartphone pour noter vos idées ou des contacts.

MON BUT GLOBAL

M'épanouir, changer de job…

…

ORGANISEZ-VOUS
IMMÉDIATEMENT.

LES CHOSES À FAIRE

Me renseigner dans des livres comme...

En parler autour de moi avec...

LES CONTACTS DONT J'AI BESOIN

LA PREMIÈRE CHOSE QUE JE M'ENGAGE À FAIRE DÈS AUJOURD'HUI

SOYEZ ENTHOUSIASTE !

Quand nous sommes enfant, nous nous émerveillons «pour un rien». Avec l'âge, la plupart d'entre nous ont tendance à perdre progressivement leur capacité à s'émerveiller pour de petites choses ou à s'enthousiasmer, même quand de bonnes choses se profilent.

Quand avez-vous été enthousiaste pour la dernière fois? Cet enthousiasme retenu est un bénéfice perdu, car il est communicatif et peut facilement motiver votre entourage!

CE QUI ME REND ENTHOUSIASTE

Avoir un nouveau projet; rencontrer de nouvelles personnes...

...

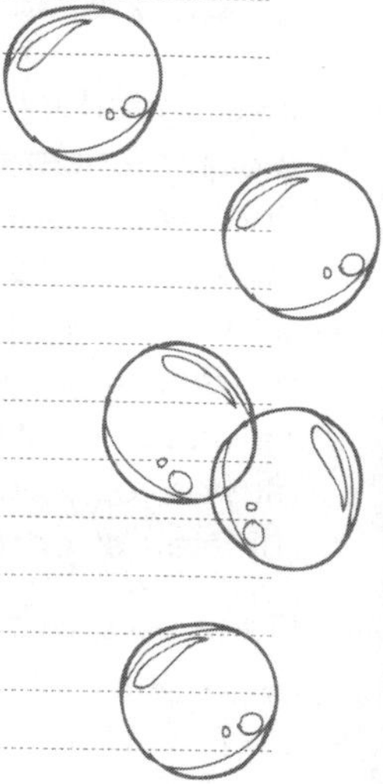

L'ENTHOUSIASME EST UN PUISSANT BOOSTEUR.

SOYEZ CURIEUX

Il est important d'être curieux et de s'intéresser à tout, à commencer par les gens qui nous entourent. Une information anodine sur le moment peut se révéler importante un peu plus tard ou même des années après, pour vous comme pour quelqu'un d'autre ! Un ami vous parle d'un sujet que vous ignorez ? Posez des questions, essayez d'en savoir plus en regardant dans des livres, à la télévision, sur Internet, contactez des spécialistes, etc.

L'idée est d'avoir régulièrement une discussion sur un sujet inconnu.

CETTE SEMAINE, JE VAIS M'INTÉRESSER À...

Un livre sur les relations humaines ; ce que m'a raconté untel l'autre jour...

...

ÉLARGISSEZ VOS CENTRES D'INTÉRÊTS.

REPOUSSEZ VOS LIMITES

Chacun d'entre nous a grandi dans un milieu qui l'a plus ou moins conditionné, et nous nous sommes peu à peu fixé des limites. Appuyez-vous sur ce que votre entourage vous a appris, puis prenez du recul, libérez-vous-en, pensez à votre manière, et faites les choses comme vous voudriez qu'elles soient faites.

De la même manière, les idées énoncées dans ce livre doivent vous servir de points d'appui, pour révéler ce qu'il y a en vous, sans vous enfermer dans un schéma ! Vous avez un énorme avantage sur les autres : ils ne sont pas vous !

VOS SEULES LIMITES SONT CELLES QUE VOUS VOUS FIXEZ.

LES LIMITES QUE JE ME FIXE SONT...

Croire que je ne peux pas créer mon entreprise ; débloquer telle situation familiale.

...

APPRENEZ DE VOS ERREURS

Nous faisons tous des erreurs. Il faut les voir comme des expériences, des occasions d'apprendre, un tremplin. Soit vous baissez les bras, soit vous retroussez vos manches et vous avancez.

L'orgueil peut être blessé par une erreur. Laissez-le de côté : il vous ralentit dans ces cas-là. Apprendre à se connaître prend du temps, s'améliorer aussi. En étant attentif à vos erreurs et en en tirant à chaque fois des leçons, vous évoluerez rapidement.

SURTOUT,
TIREZ DES LEÇONS
DE VOS EXPÉRIENCES.

DERNIÈREMENT, J'AI FAIT CETTE ERREUR	J'EN AI TIRÉ CETTE LEÇON
... J'ai trop bu pour rien	→ Savoir me contrôler, l'alcool n'est pas une solut°
Je me vexe rapidem^t	apprendre à réfléchir se remettre en quest°.

AGISSEZ IMMÉDIATEMENT

Vous avez 5 minutes ou 1 heure devant vous? Demain vous ne les aurez peut-être pas. Alors, si vous utilisiez le temps qui vous appartient? Autant agir tout de suite. Demain vous pourrez passer à autre chose et... gagner du temps!

Plus tard, vous n'aurez peut-être pas la même motivation. Enfin, c'est ici et maintenant que votre avenir se joue. En agissant dès aujourd'hui, vous dessinez demain.

NE PERDEZ PAS DE TEMPS, VOUS EN GAGNEREZ!

AUJOURD'HUI, JE VAIS...

- [x] *M'inscrire au cours de danse ; m'acheter un livre sur la voile.*
- [ ]
- [ ]
- [ ]
- [ ]
- [ ]
- [ ]
- [ ]
- [ ]

AGIR VOUS EXPOSE

À partir du moment où vous agissez, vous «sortez du lot» dans le sens où vous vous démarquez de ceux qui n'agissent pas. Donc vous vous exposez. Vous vous exposez aussi bien aux compliments qu'à la jalousie et à la critique. C'est une donnée à avoir à l'esprit.

Pour un acte que vous posez, vous pouvez susciter 100 critiques comme 100 compliments. Ce qui veut dire que, d'un certain point de vue, l'acte en lui-même compte peu, et que le jugement dépend davantage des personnes en présence. Il ne faut donc pas forcément prendre ces réactions à titre personnel, même s'il faut savoir en tenir compte.

DÉPASSEZ LES CRITIQUES !

CE À QUOI
JE ME SUIS EXPOSÉ
DERNIÈREMENT

...

CE QUE
J'EN AI RETIRÉ

OPTIMISEZ CE QUE VOUS FAITES

Nombre des choses à faire ne prennent qu'une minute ou deux : appeler un contact pour s'assurer du suivi d'un projet, prendre des nouvelles d'un ami, vérifier un planning… Ces tâches peuvent être effectuées entre deux rendez-vous, ou juste avant de prendre un café, etc.

Il faut optimiser ce que vous faites : ne vous perdez pas dans du superflu au risque de diluer l'information. Prenez l'habitude de synthétiser en quelques mots ce que vous disiez auparavant en plusieurs phrases. Vos interlocuteurs retiendront mieux ce que vous dites. À l'issue de votre échange, vous pouvez prendre un peu de temps pour vous assurer qu'ils ont compris.

SYNTHÉTISEZ CE QUI PEUT L'ÊTRE ET GAGNEZ DU TEMPS !

JE VAIS OPTIMISER...

Mes matinées ;
l'organisation de mon
projet de voyage...

...

EN...

Achetant un agenda ;
mettant en place un
planning plus précis...

TENTEZ LE OUI !

Vous avez une opportunité et vous vous posez la question : dois-je ou ne dois-je pas agir, contacter telle personne, etc. Quelles sont les probabilités pour que ce que j'entreprends aboutisse ? La probabilité de me voir refuser telle demande est-elle forte ou pas ?

Quelle que soit votre situation, l'avenir est et sera toujours basé sur des hypothèses. Écartez au maximum ces présomptions, levez la tête et agissez. Ne rien faire, c'est déjà recueillir un « non ». Tentez le coup, vous verrez bien si vous obtenez un « oui ». Mieux vaut une réponse certaine plutôt qu'une supposition.

SUR CE POINT-CI

Travailler dans tel grand groupe ; contacter telle personnalité…

JE TENTE LE « OUI »

Demain, par courrier, dans une semaine...

...

TENTEZ TOUJOURS D'OBTENIR LE MAXIMUM.

DITES « OUI » PLUTÔT QUE « NON »

Certaines personnes ont du mal à répondre « oui » aux propositions qui leur sont faites. On peut être tenté de dire « non » par flemme, par peur de ne pas réussir ou parce que l'on ne voit pas forcément à quoi cela peut mener.

Au contraire, dire « oui » permet de garder ouvert le champ des possibles : par exemple, une sortie que l'on accepte peut aboutir à une rencontre ou à un projet. On ne peut pas présager des débouchés possibles d'un « oui ». Même s'il n'est pas toujours facile de dire « oui », nous pouvons répondre : « Oui, pourquoi pas, je vais y réfléchir ! » L'essentiel est de garder la porte ouverte. La vie est plus riche lorsque vous vous ouvrez aux propositions !

DITES OUI ET VOYEZ OÙ CELA VOUS MÈNE !

JE VAIS RÉPONDRE « OUI » AUX PROPOSITIONS SUIVANTES

Me rendre à cette soirée dans laquelle je ne connais que untel.

...

GARDEZ TOUJOURS L'ESPRIT OUVERT

Ayez toujours l'esprit ouvert aux centres d'intérêt des autres parce que vous ne savez pas quand peuvent naître des idées ou des rencontres. Soyez attentif à ce qu'il se dit autour de vous parce que cela peut déboucher sur de magnifiques projets.

Lorsque l'on acquiert de l'expérience, on peut avoir tendance à se fermer progressivement aux idées des autres en rapport avec notre domaine de compétence, par exemple. Soyez toujours prêt à faire des liens entre vous, votre histoire, et ce qui vous entoure.

UN ESPRIT OUVERT EST SOURCE DE CRÉATIVITÉ.

DANS LES PROCHAINS JOURS, JE VAIS PORTER MON ATTENTION SUR...

Ce que m'a dit unetelle ; l'émission que j'ai vue dernièrement...

...

UTILISEZ LE « GERMOIR »

Une idée, c'est comme une graine. Si elle est bonne, il suffit de la semer pour qu'elle grandisse. Pour être plus précis, une idée, c'est comme une multitude de graines parce que vous pouvez la semer chez plusieurs personnes (ou dans plusieurs endroits) en même temps. L'idée va grandir différemment en fonction du terreau qui la reçoit.

Déposez vos idées dans l'esprit de votre entourage pour qu'elles y grandissent comme dans un germoir. Cela permettra souvent d'en faire sortir des idées meilleures encore ! Votre famille, vos amis, vos partenaires de travail ou de loisirs sont une richesse car ils peuvent vous aider dans vos projets.

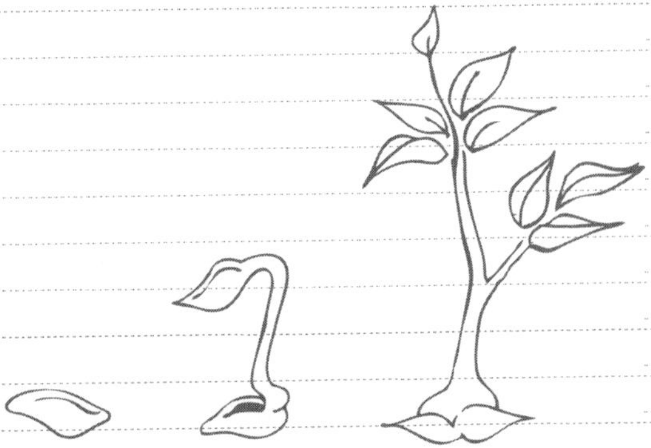

SEMEZ VOS IDÉES, VOS RÉCOLTES SERONT BONNES !

JE VAIS SEMER CETTE IDÉE

...

CHEZ...

...

FAITES DU QUALITATIF

La société occidentale tend à fabriquer des produits à usage unique. Cela entre dans nos habitudes, donc dans notre mentalité. Les appareils photos, le matériel à usage unique : tout devient jetable, même les relations.

Y a-t-il de la place pour du qualitatif dans cette culture ? Il semble qu'il y ait, petit à petit, un regain de qualité, une aspiration à du qualitatif plutôt qu'à du quantitatif : alimentation biologique, développement durable, etc. Et vous, êtes-vous jetable ou de qualité ?

PRÉFÉREZ LA QUALITÉ À LA QUANTITÉ.

JE PRIVILÉGIE LA QUALITÉ

Dans mon travail ; quand je fais des origamis...

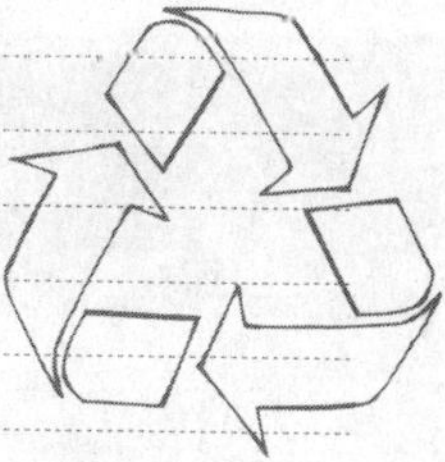

TRAVAILLEZ CONSTAMMENT

Le travail prend une part importante de notre vie. Il faut se remettre à l'ouvrage constamment, c'est indispensable pour que les choses avancent. A contrario, si on ne travaille que par à-coups, les projets stagnent. Seul un travail continu produit un effet «rouleau compresseur» qui permet d'aller loin.

Toutefois, à l'image de la nuit qui suit le jour et du dimanche qui suit la semaine, ménagez-vous des temps de repos, à votre rythme. Nous avons tous besoin de temps de récupération qui compense ces temps d'efforts. Ce temps est important car il permet de tenir dans la durée comme de faire mûrir les idées.

METTEZ-VOUS EN MODE «ROULEAU COMPRESSEUR».

TEMPS ET ACTIVITÉ DE TRAVAIL

TEMPS ET ACTIVITÉ DE REPOS

PENSEZ À VOUS

Vous êtes important. Vous êtes le principal acteur de votre vie. Alors pensez à vous. Peut-être vous êtes-vous laissé porter par le courant de la vie ? Si oui, définissez ce qui est primordial pour vous. Ne laissez personne guider votre vie.

Où souhaitez-vous être et que souhaitez-vous faire dans 10, 20, 40 ans ? Qui vous empêche d'être vous-même ? Recentrez-vous sur vous. Ayez le courage de faire le point sur votre vie. Correspond-elle à ce que vous souhaitez ? A-t-elle la couleur que vous désirez lui donner ?

VOUS ÊTES-VOUS PERDU DE VUE ?

MA VIE

CE QUE JE FAIS POUR MOI

...

CE QUE J'AIMERAIS FAIRE POUR MOI

ÉCOUTEZ

Quand nous écoutons deux personnes discuter ou débattre d'un sujet, nous constatons souvent qu'elles échangent des idées ou des arguments sans s'écouter vraiment, sans tenir compte des propos de l'autre. Nous assistons alors plus à une partie de tennis où chacun se renvoie des notions, plutôt qu'à un véritable dialogue.

Oubliez-vous quelques minutes et interrogez votre interlocuteur afin de mieux le comprendre : par moment, cela peut même faire gagner du temps. Nous avons toujours quelque chose à apprendre, sur nous-mêmes, sur les autres, ou sur des concepts.

PRENEZ LE TEMPS D'ÉCOUTER LES AUTRES.

RÉCEMMENT, J'AI ÉCOUTÉ...

...

ET J'AI APPRIS QUE...

...

DEMANDEZ CONSEIL

Faites travailler les autres pour vous ! Prenez appui sur eux car ils ont passé du temps à accumuler des connaissances ; mettez-les à votre service, plutôt que de recommencer à zéro à chaque fois que vous abordez un nouveau domaine.

Nous trouvons toujours plus expérimenté que nous quel que soit le domaine. Mettez votre orgueil de côté et demandez conseil : cela vous fera gagner du temps et vous évitera certains écueils. Il faut avoir l'humilité de le faire, car cela révèle que l'on ne sait pas.

GAGNEZ EN EFFICACITÉ EN CONSULTANT VOTRE ENTOURAGE.

MON PROJET

...

CEUX QUI PEUVENT M'AIDER SONT...

- ▢
- ▢
- ▢
- ▢
- ▢
- ▢

PERSÉVÉREZ

Un échec ? Un point de ralentissement ? Ce n'est pas grave : revoyez éventuellement votre stratégie, mais poursuivez vos efforts (sauf si la cause est perdue, bien entendu). Il faut reprendre courage, travailler et trouver des solutions : accrochez-vous. Des aléas, il y en aura toujours.

Les obstacles ne doivent pas vous arrêter. Agissez pour vous-même, pour votre famille, pour votre entourage, pour votre métier. Il y a toujours une leçon à tirer d'un obstacle. Et même si nous n'atteignons pas précisément notre objectif, nous apprenons beaucoup en essayant de l'atteindre.

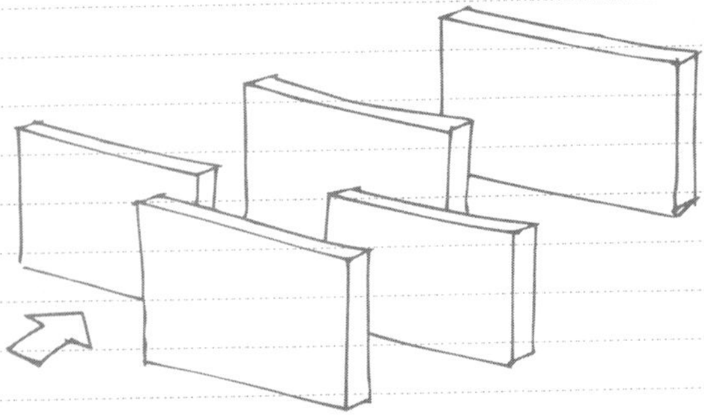

LA PERSÉVÉRANCE
EST UNE CLÉ
DE LA RÉUSSITE.

RÉCEMMENT, J'AI VÉCU

Une baisse du chiffre d'affaires de mon entreprise ; des problèmes dans les travaux de ma maison…

…

J'AI FAIS FACE GRÂCE À…

Ma capacité à positiver ; les conseils de mon comptable…

SOYEZ COMBATIF

C'est un état d'esprit. Il faut oser, ne pas avoir peur d'entreprendre. Si vous avez réellement envie que votre situation évolue, vous allez dépasser cette peur. La vie n'est pas toujours facile : c'est là qu'un tempérament combatif prend toute sa valeur.

Dans le domaine du développement personnel, on dit souvent que tout le monde est capable de suivre les conseils donnés. Si vous avez ce livre en main c'est que VOUS êtes capable de changements.

PAR RAPPORT À CET OBJECTIF	VOILÀ CE QUE J'AI MIS EN PLACE
Créer mon entreprise ; changer mon mode de vie.	*J'ai acheté un livre sur la création d'entreprise ; j'ai contacté untel.*
…	

BATTEZ-VOUS POUR CE QUI EST IMPORTANT À VOS YEUX.

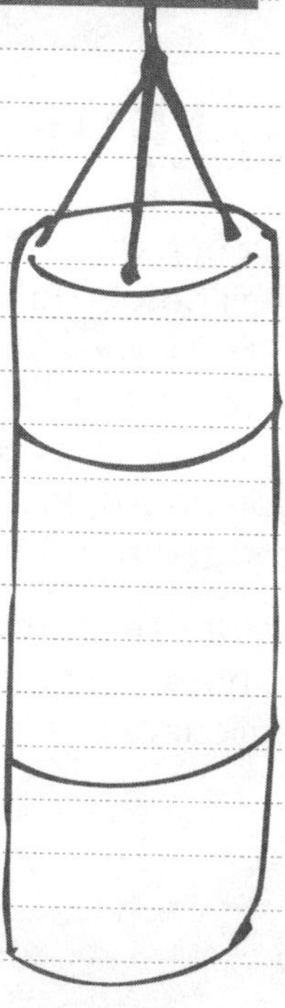

RELEVEZ-VOUS

Un coup dur ? un deuil ? Vous pouvez être peiné, avoir besoin de temps pour vous remettre : soit. Mais relevez-vous. La vie apporte toujours de belles choses à celui qui se redresse. Cela peut prendre du temps, mais ça vient, à l'image de la nature qui reprend ses droits après le passage d'une tornade ravageuse.

Gardez en tête que le soleil est toujours au-dessus de nous, même si les nuages le masquent parfois. N'attendez pas les éclaircies pour vous relever.

QUELLE QUE SOIT L'ÉPREUVE, RELEVEZ-VOUS. VOUS EN ÊTES CAPABLE.

LORS DE CETTE ÉPREUVE

...

JE ME SUIS APPUYÉ SUR...

RESTEZ POSITIF

Même si ce n'est pas toujours facile, il faut veiller à rester positif. Être positif ne veut pas dire inhiber sa peine ou sa tristesse, ou ne pas regarder les échecs. Être positif, c'est prendre du recul, rester lucide et garder à l'esprit l'idéal que l'on souhaite atteindre.

Rester positif dispose à garder son enthousiasme, à voir loin, à avancer vers l'avenir malgré l'adversité. C'est une puissante source de motivation. Certains diraient : il faut garder le cap !

VOYEZ LE VERRE À MOITIÉ PLEIN.

CONCERNANT CET ÉVÉNEMENT

Fin d'allocations chômage, baisse de moral…

…

POUR RESTER POSITIF, JE VAIS…

Me lancer dans un nouveau métier; siffloter des airs entraînants…

ACCEPTEZ

Plus vous résistez à ce qui vous arrive, plus vous souffrez, et plus vous perdez de temps. La meilleure manière d'avancer est de ne pas résister à ce que la vie nous impose. Il y a ce sur quoi nous avons prise, et ce qui ne nous appartient pas. Sachez l'accueillir.

Comme l'a dit Sénèque, « Le destin guide celui qui l'accepte, il traîne celui qui lui résiste. » La question à se poser est donc la suivante : pourquoi est-ce que je résiste à ce qu'il m'arrive ?

ACCEPTEZ
CE QUI NE PEUT
ÊTRE CHANGÉ.

FACE À CET ÉVÉNEMENT

Annulation de mon vol pour les Antilles.

...

J'AI RÉSISTÉ, PUIS J'AI ACCEPTÉ PARCE QUE...

Je vais en profiter pour bricoler chez moi.

...

SOYEZ ADAPTABLE

L'un des paramètres de la survie humaine est l'adaptation à notre milieu. L'adaptabilité est une grande qualité : elle incite à la rencontre et au dialogue avec de nombreuses personnes, à vivre des expériences variées, etc. Elle permet aussi de sortir avec succès de situations difficiles et de les dépasser.

Comment faire preuve d'adaptabilité ? Prenez d'abord la mesure des caractéristiques du milieu et des personnes qui vous entourent. Voyez ensuite ce que vous pouvez mettre en place pour répondre de manière adéquate à cet environnement.

ADAPTEZ-VOUS AUX AUTRES ET AUX SITUATIONS.

FACE À CET ÉVÉNEMENT

Untel m'a contrarié(e).

...

POUR M'ADAPTER, JE VAIS...

Chercher à comprendre ce qu'il m'a dit et prendre du recul.

PARTAGEZ VOS CONNAISSANCES

Nous vous encourageons à mettre en contact entre elles les personnes que vous connaissez, et à partager avec elles ce que vous avez lu dans un livre ou ailleurs et qui pourrait les intéresser et les concerner. Il vous suffit de passer un coup de téléphone, d'envoyer un texto ou de prendre un café : cela ne vous coûte quasiment rien.

Un projet, une rencontre, une idée peuvent naître de ces rapprochements. Et ultérieurement, même si là n'est pas le but premier, vous pourrez recevoir le même genre d'attentions et bénéficier de retombées positives.

JE VAIS METTRE EN CONTACT… AVEC…

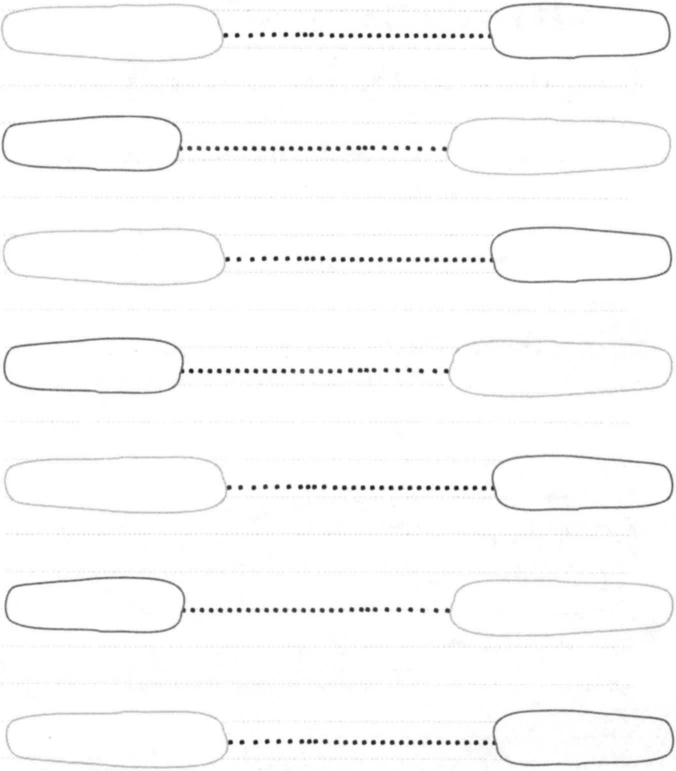

CONNECTEZ LES PERSONNES AUTOUR DE VOUS.

COMMUNIQUEZ

Aucun être vivant ne peut vivre sans échange avec son environnement. C'est vital, c'est un principe même de la vie. De même, la circulation d'informations est bénéfique, à tous les niveaux d'une société. Cela augmente les potentiels de créativité, facilite la naissance des idées et favorise l'épanouissement de chacun.

Qu'avez-vous fait dernièrement pour communiquer avec vos proches ? Avec vos collaborateurs ?

POUR AMÉLIORER MA COMMUNICATION, JE VAIS...

Mettre à jour mon carnet de contacts ;
prévoir des plages horaires dans mon planning.

...

JE VAIS PRENDRE DES NOUVELLES DE...

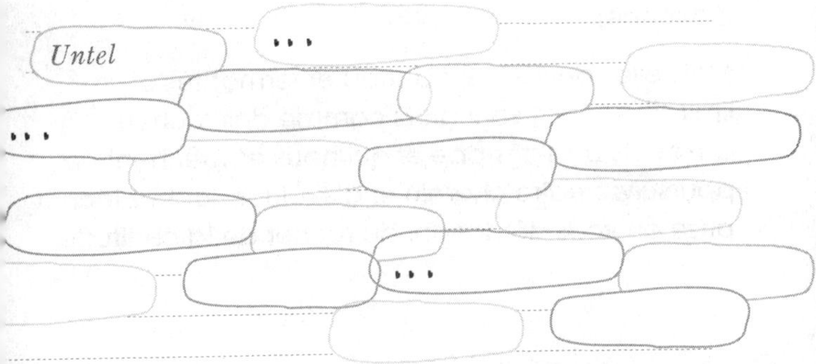

ÉCHANGEZ, C'EST SOURCE D'IDÉES NOUVELLES ET D'ENRICHISSEMENT.

LÂCHEZ PRISE

Pour avancer, il faut avoir des principes auxquels se référer. Parfois, ils peuvent devenir des certitudes. Ces certitudes sont utiles quand elles permettent d'avancer.

Mais elles deviennent parfois enfermantes et limitatives. Elles sont alors comme des rochers auxquels on s'agrippe et qui nous empêchent de poursuivre notre chemin et d'évoluer. Sachez lâcher prise en vous détachant du rocher de la certitude.

REMETTEZ EN QUESTION CERTAINES CERTITUDES.

MES CERTITUDES ACTUELLES

Je suis capable de tout faire tout seul; j'ai toujours raison; je n'ai plus rien à apprendre dans le domaine de…

…

OSEZ ÊTRE VOUS-MÊME

Il y a une chose unique au monde : vous ! Votre histoire, vos talents, vos envies, votre vie font que vous pouvez développer des compétences qui vous sont propres. Et vous pouvez être reconnu pour ça.

Mais ce qui compte ce n'est pas tant la reconnaissance que le fait d'entreprendre en étant vous-même et de révéler toutes vos facultés. C'est parfois difficile d'agir comme on le souhaite, mais c'est libérateur ! Prenez conscience de vos besoins et agissez en fonction de vous et non pas des autres !

CESSEZ D'ÊTRE UN AUTRE ET SOYEZ VOUS-MÊME.

CE QUE JE FAIS POUR PLAIRE AUX AUTRES MAIS QUI N'EST PAS MOI

Dire toujours oui à tel type de proposition.

M'habiller tous les jours de la même manière.

...

CE QUE JE VAIS FAIRE POUR ÊTRE MOI-MÊME

Oser refuser cette demande : ...

M'habiller vraiment comme j'aime.

AYEZ DES VALEURS

Ayez des valeurs, c'est sain et fédérateur. Ces valeurs peuvent être la sincérité, la famille, l'honnêteté, le progrès, l'humilité, le travail, etc. C'est à chacun de lire en lui pour découvrir les siennes.

Ceux qui ont les mêmes valeurs que vous vous suivront pour elles et ce que vous représentez. Faites les choses sincèrement et honnêtement. Vos valeurs enrichiront le milieu dans lequel vous vivez.

MES VALEURS SONT...

...

POUR EN VIVRE, JE VAIS...

ÉTABLISSEZ VOS VALEURS ET VIVEZ-EN.

REMETTEZ-VOUS EN QUESTION

Dans la vie, dans un projet ou une relation, quand tout ne se passe pas comme prévu, plusieurs facteurs doivent être réévalués : l'environnement, les personnes impliquées, le projet ou encore nous-mêmes.

Il s'agit ici de se remettre en question : analysez en quoi vous avez pu contribuer à l'état dans lequel vous vous trouvez actuellement. Il n'est pas question de vous blâmer, mais d'améliorer la situation et de prévenir les circonstances semblables dans l'avenir.

QUE POUVEZ-VOUS FAIRE POUR AMÉLIORER LA SITUATION ?

POUR ME REMETTRE EN QUESTION, JE VAIS M'INTERROGER SUR...

- ◯ *mon milieu :*
- ◯ *mon éducation :*
- ◯ *ma façon de travailler :*
- ◯ *mon tempérament :*
- ◯ *mon rapport au travail :*
- ◯ *mes relations avec mes collaborateurs :*
- ◯ *mes relations avec ma famille :*
- ◯ *mes objectifs :*
- ◯ *autre :*

TEMPÉREZ VOTRE FIERTÉ

La fierté nous permet de réaliser de grands projets, elle est motrice. Néanmoins, elle peut également nous aveugler dans certaines situations et nous faire manquer de discernement. Il important que l'estime de soi, lorsqu'elle est trop importante, soit maîtrisée.

Il ne faut pas chercher à devenir humble pour «paraître», il faut apprendre à tempérer sa fierté : l'humilité en est le fruit, elle viendra d'elle-même. Pour travailler votre fierté, vous pouvez, par exemple, vous observer et apprendre à gérer vos émotions.

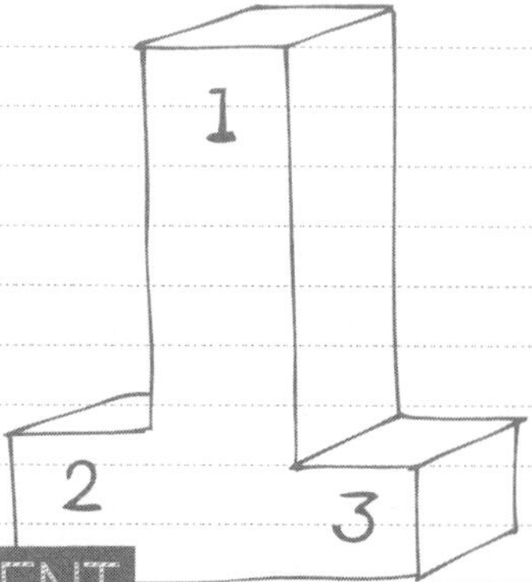

TRAVAILLEZ QUOTIDIENNEMENT À LA MAÎTRISE DE VOTRE FIERTÉ.

POUR TRAVAILLER MA FIERTÉ, JE VAIS…

M'interroger sur ce qui me donne ou non confiance en moi.

…

TAISEZ-VOUS

Il est parfois bénéfique de se taire. Cela permet notamment d'observer les émotions naître en nous, et donc de mieux nous connaître. Le silence est instructif : il nous permet de découvrir nos pensées et nos émotions, et il permet de laisser l'autre s'exprimer pleinement.

Les émotions qui naissent en nous engendrent des réactions parfois impulsives que nous pourrions regretter. Se taire et écouter notre tumulte intérieur donne le temps de réfléchir et de répondre de manière adéquate. Cela donne également l'occasion de poser plus de questions pour mieux comprendre ce que dit l'autre.

RÉFRÉNEZ VOTRE ENVIE DE RÉPONDRE ET ÉCOUTEZ.

DANS CETTE SITUATION, JE VAIS ME TAIRE	CELA ME PERMETTRA DE...
Lors d'un débat agité en réunion ; quand j'ai envie de crier...	*Prendre conscience que parler n'aurait servi à rien ; que je pense à 10 choses à la fois et que je dois structurer mes propos...*
...	

SOYEZ ATTENTIF AUX AUTRES

Il est essentiel d'être attentif aux autres. Or nous vivons dans un monde où, avec les avancées des communications, notre attention est sollicitée de toutes parts au risque d'en oublier ce qui est important. Nous nous perdons dans des relations superflues, voire virtuelles, et nous oublions l'essentiel : créer de vrais liens et avoir des rapports humains authentiques.

Soyez attentif aux personnes de votre entourage : ce peut être en rendant une visite, mais aussi en passant un coup de fil, en envoyant un mail ou un texto pour prendre des nouvelles. Ce sont des attentions petites pour celui qui en est l'auteur mais grandes pour celui qui en bénéficie. Cette attention aux autres est aussi importante dans notre vie personnelle que professionnelle.

VEILLEZ À ÊTRE ATTENTIONNÉ.

JE VAIS PRENDRE DES NOUVELLES DE...

...

ACCEPTEZ L'AUTRE

Nous avons tous des modes de vie différents, des tempéraments qui nous sont propres et des faiblesses qui nous caractérisent. Ils nous définissent et sont modulables, dans le sens où nous sommes capables de les faire évoluer.

Il faut accepter l'autre comme il est pour plusieurs raisons. Premièrement, parce qu'il est difficile de changer les autres. Ensuite, parce que la différence est une richesse. Enfin, parce qu'il faut accepter ce que l'on ne peut changer et composer avec (ou s'en éloigner si c'est salutaire). Accepter l'autre, c'est aussi l'aider à s'épanouir, par exemple en l'accompagnant dans la réalisation de son propre potentiel.

ACCUEILLEZ L'AUTRE COMME IL EST.

CHEZ CETTE PERSONNE

...

CE QUE JE VAIS TÂCHER D'ACCEPTER, C'EST...

...

SOYEZ EN ACCORD AVEC VOTRE CONSCIENCE

Nous devons vivre toute notre vie avec nous-mêmes : nous nous levons avec nous-mêmes, nous passons la journée « ensemble », et nous nous endormons avec nous-mêmes. C'est la raison pour laquelle il est préférable d'éviter de faire des choses que nous pourrions regretter. Agissez constamment en accord avec votre conscience, soyez droit par rapport à vous-même.

C'est un choix de vie. Cela permet de faire ce que nous voulons, du moment que nous sommes en accord avec nos valeurs. Si nous avons mauvaise conscience, nous en porterons le poids toute notre vie.

VIVEZ SANS POSER DES ACTES QUE VOUS POURRIEZ REGRETTER.

AVANT
JE FAISAIS/DISAIS...

Plaisir aux autres en disant oui systématiquement.

...

MAINTENANT
JE VAIS...

Apprendre à dire non.

UNISSEZ-VOUS

Prenez une ficelle et une paire de ciseaux. Les ciseaux peuvent facilement couper la ficelle car elle est fine. Tressez maintenant ensemble 3 ficelles, que vous tressez à nouveau avec 2 autres groupes de 3 ficelles elles-mêmes tressées : vous obtenez un cordon difficilement sécable avec la même paire de ciseaux. L'union fait la force.

Unir ses forces présente de nombreux avantages. Cela permet par exemple de créer des échanges, de multiplier les compétences, de trouver des idées neuves, de faire face plus facilement aux problèmes, de voir des détails que l'on aurait négligés seul, etc.

FORMEZ VOTRE PROPRE CORDE.

CE QUE JE FAISAIS SEUL JUSQU'À PRÉSENT

CE QUE JE VAIS FAIRE DORÉNAVANT

...

ACTIVEZ VOTRE RÉSEAU

N'hésitez pas à faire fonctionner votre réseau et à en faire profiter vos proches. Beaucoup de gens le font sans y prêter attention : cela peut être de solliciter un parent pour un emploi d'été, des amis pour bénéficier d'une réduction sur l'achat d'un produit, un collègue pour un conseil professionnel, etc.

N'hésitez pas non plus à vous appuyer sur le réseau de votre réseau : tout autour de nous, des personnes que nous connaissons ont passé du temps – volontairement ou pas – à tisser leur réseau. Appuyez-vous sur elles, elles vous aideront à grimper plus vite, plus haut.

LE RÉSEAU DE MON RÉSEAU EST ENCORE MON RÉSEAU !

POUR CE PROJET …

JE VAIS SOLLICITER CE RÉSEAU

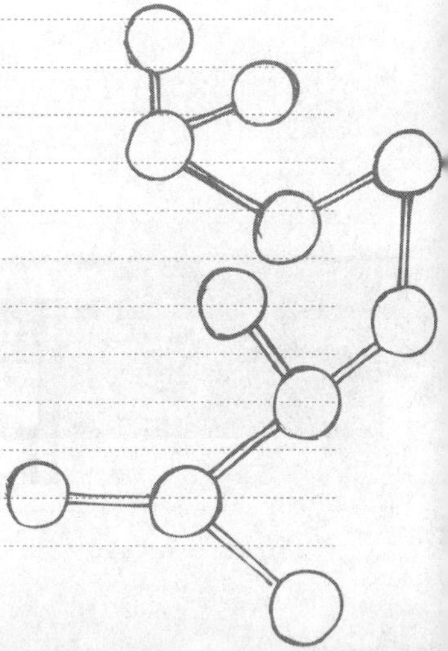

VOYEZ LE JEUDI AUTREMENT

Essayez de modifier vos pratiques d'entreprise en regardant les choses sous un autre angle. Dans votre métier ou votre entreprise, faites en sorte de terminer vos demandes (aux fournisseurs, aux collaborateurs, etc.) le jeudi soir au plus tard, afin que vos interlocuteurs puissent y travailler le vendredi. Cela permet de mettre à profit la journée du jeudi ET celle du vendredi !

Si vous repoussez l'effort du jeudi au vendredi, votre demande ne sera pas traitée avant le lundi suivant. C'est-à-dire que vous perdez trois jours !

ET SI LE JEUDI ÉTAIT LE DERNIER JOUR DE LA SEMAINE ?

CE QUE ÇA M'APPORTE

...

JE PEUX AUSSI VOIR LE LUNDI-MARDI-MERCREDI-VENDREDI-SAMEDI-DIMANCHE... (ENTOURER LE JOUR EN QUESTION)... AUTREMENT EN...

L M M J V S D

FAITES TRAVAILLER LE TEMPS POUR VOUS

Le temps s'écoule tout seul et il passe vite. Nous nous en plaignons souvent, mais pourquoi ne pas en voir l'aspect positif ?

S'il passe vite, cela signifie que l'échéance de vos objectifs (d'ici une semaine, un mois, un an ou dix ans) va arriver rapidement : il faut donc agir en fonction ! Lancez-vous dès maintenant dans l'action, pour pouvoir mener plusieurs choses en parallèle. Ce qui doit arriver arrivera : concentrez-vous donc plus sur les étapes que sur la date d'échéance.

CE QUE JE VAIS METTRE EN ŒUVRE EN PREMIER

...

UTILISEZ LE TEMPS, NE LE SUBISSEZ PLUS.

CE QUE JE VAIS LANCER EN PARALLÈLE

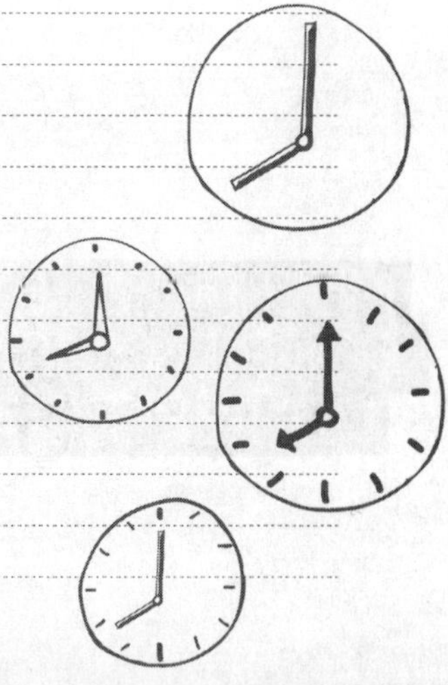

UTILISEZ L'EFFET « BOULE DE NEIGE »

Ce livre fait naître chez vous des idées, qui vous conduisent à faire des rencontres, qui elles-mêmes génèrent des idées, puis d'autres rencontres, etc.: c'est l'effet «boule de neige». À chaque étape, cet effet s'amplifie. Ne vous contentez pas d'observer ce principe: utilisez-le et potentialisez-le!

Plus vous communiquerez dans cette optique, plus vous aurez de chance d'avoir des retombées positives. On ne peut pas toujours savoir quelles vont être les répercussions de ce que l'on a dit ou fait, mais des conséquences bénéfiques sont souvent au rendez-vous.

MULTIPLIEZ LES ÉCHANGES POUR EN AUGMENTER LES RÉPERCUSSIONS.

JE VAIS PARLER DE MON NOUVEAU PROJET À...

① ...

② ...

③ ...

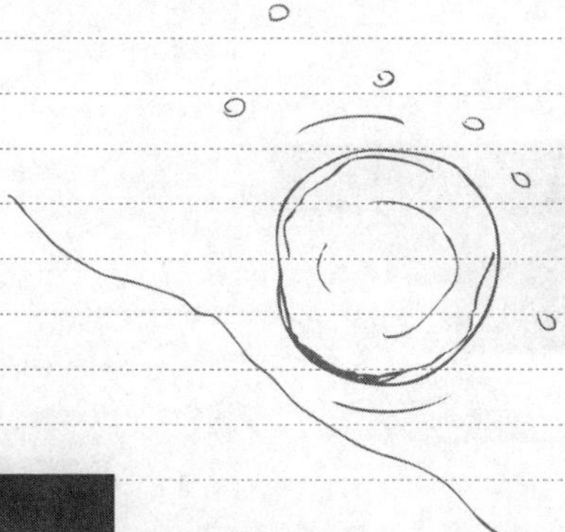

UTILISEZ LA FORCE DE L'HABITUDE

Contrairement à la routine, qui peut être un frein à l'action, une bonne habitude est une force. Au début de tout projet, il est important de mettre en place de petites habitudes utiles, puis de leur faire prendre de l'importance. Ces habitudes deviendront des atouts quand elles seront devenues naturelles, car elles permettent de gagner en efficacité.

Une bonne habitude est un atout car, une fois créée et installée, nous y portons moins d'attention et nous pouvons nous concentrer sur notre projet.

GAGNEZ EN EFFICACITÉ EN VOUS APPUYANT SUR DE BONNES HABITUDES.

DANS MA VIE PROFESSIONNELLE, JE VAIS PRENDRE L'HABITUDE DE...

DANS MA VIE PERSONNELLE, JE VAIS PRENDRE L'HABITUDE DE...

TIREZ PROFIT DES CYCLES DE LA VIE

Les cycles de la vie sont faits de périodes durant lesquelles on progresse, d'autres où l'on se stabilise, d'autres encore où l'on a l'impression de régresser. L'ensemble étant soumis aux aléas de la vie.
En mer, une vague nous porte haut et nous fait redescendre ; dans le creux de la vague, on sait que l'on va forcément remonter.

Quand vous prenez conscience que vous êtes dans une période difficile, ne cherchez pas à résister, acceptez, reposez-vous, mettez à plat votre projet ou encore revoyez vos objectifs. Ce n'est qu'une pluie passagère, vous pourrez revenir au maximum de vos capacités sous peu !

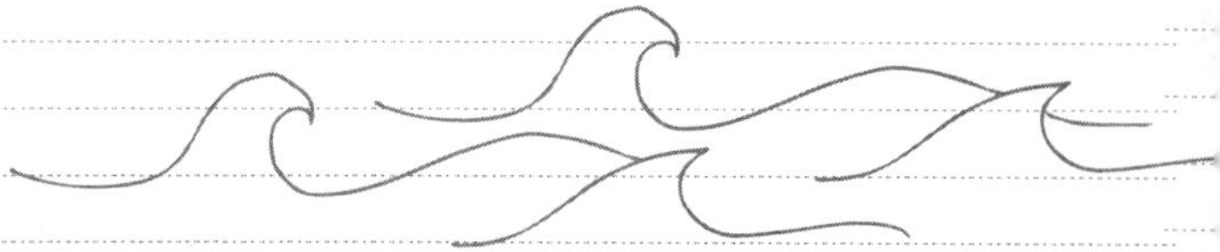

IL Y A FORCÉMENT UN HAUT APRÈS UN BAS.

LES CYCLES QUE J'AI OBSERVÉS SONT D'UNE DURÉE DE...

...

POUR LES METTRE À PROFIT, JE VAIS...

FAITES APPEL À UNE TIERCE PERSONNE

Il est souvent utile de partager nos idées ou nos difficultés avec une tierce personne, car elle a un point de vue extérieur à notre projet. Elle peut donc voir les choses sous un autre angle. Toute situation est comme un cube : seul, on ne peut en apercevoir que trois facettes sur six.

Outre un éclairage différent, une tierce personne apporte aussi des compétences et une expérience qui lui sont propres. Si vous mettez en commun vos observations, votre potentiel augmente considérablement. Les informations ne s'additionnent pas, elles se multiplient.

DEMANDEZ QUE L'ON VOUS MONTRE LES 3 AUTRES FACETTES.

POUR CE PROBLÈME...

LE SPÉCIALISTE QUI PEUT M'AIDER EST...

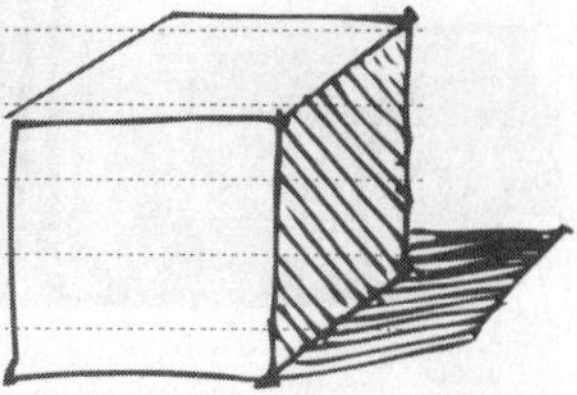

DÉGAGEZ DES RÈGLES

Au fil du temps, nous sommes amenés à observer des faits qui se reproduisent de manière similaire. Plutôt que de continuer à les subir sans en tirer d'enseignements, observez-les attentivement, dégagez-en des règles et utilisez-les. Tirez-en profit!

Définir une règle permet d'anticiper et de réagir plus rapidement : par exemple, dès que le désordre s'installe dans une situation donnée, il faut au plus vite y remédier en s'organisant. Bien entendu, il y a toujours des exceptions qui confirment la règle.

OBSERVEZ LES FAITS.
TIREZ-EN DES RÈGLES.
SERVEZ-VOUS-EN.

LES FAITS QUE J'AI OBSERVÉS SONT...

Les problèmes arrivent souvent par périodes...

...

LES RÈGLES QUE J'EN TIRE SONT...

Quand un problème arrive, s'attendre à ce qu'il y en ait d'autres derrière...

...

CHERCHEZ L'ÉQUILIBRE

Certains sages, comme le Grec Pythagore, invitent à rechercher l'équilibre. Cela permet de trouver bien-être et sérénité dans nos vies. L'équilibre ne rejette pas forcément les extrêmes. On peut aller dans un extrême s'il est compensé par un autre extrême : l'équilibre est alors retrouvé. Par exemple : travailler énormément et s'accorder des temps de repos complet.

Nous cherchons toujours l'équilibre et c'est normal. Le chemin (la recherche d'équilibre) compte plus que l'arrivée (atteindre l'équilibre parfait) parce que nous ne l'atteindrons jamais vraiment. Même si cela demande des efforts réguliers, poursuivez cette recherche.

VEILLEZ À RECHERCHER CONSTAMMENT UN NOUVEL ÉQUILIBRE.

CE QUI CONTRIBUE À MON ÉQUILIBRE DE VIE

...

CE QUI NUIT À MON ÉQUILIBRE DE VIE

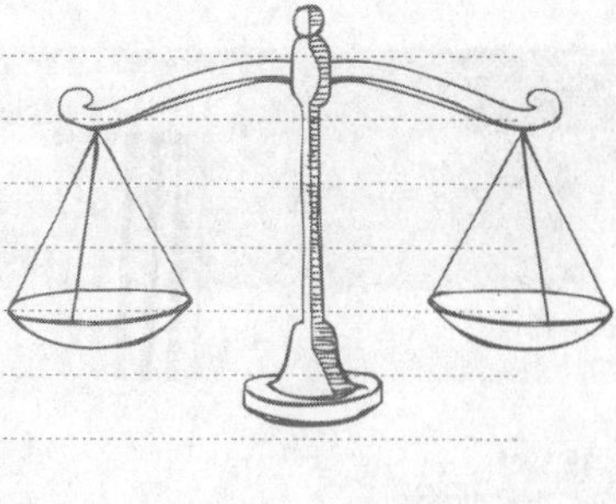

MÉMORISEZ LE MAXIMUM D'INFORMATIONS

Tirez parti de tout ce à quoi vous avez accès, emmagasinez le maximum d'informations, même si elles vous paraissent anodines ou si elles ne vous concernent pas directement à l'instant T. Elles pourraient vous servir. Vous en découvrirez peut-être la pleine valeur ultérieurement.

C'est avec le temps que l'on voit le lien qu'il peut y avoir entre nos rencontres, nos lectures ou nos actes d'aujourd'hui, et ce qui en découlera, même plusieurs années après. Soyez toujours prêt à faire un lien entre une information acquise il y a des années et une personne rencontrée récemment.

TOUTE INFORMATION PEUT ENRICHIR UN PROJET FUTUR.

CETTE RENCONTRE / CETTE LECTURE

...

ME PERMETTRA À L'AVENIR DE...

SOYEZ PATIENT

Il ne sert à rien de s'impatienter : vous allez ressentir de la frustration tant que la situation ne vous satisfera pas ou que l'objet de votre attente ne sera pas arrivé. Stresser ne fera pas avancer les choses plus rapidement.

Alors pensez à autre chose, portez votre attention sur d'autres projets, vous ne verrez pas le temps passer. Conscient que les choses viendront en leur temps, vous acquerrez une certaine sérénité. Ne vous perdez pas dans un avenir hypothétique : restez présent à ce que vous faites.

TOUT VIENT À POINT
À QUI SAIT QU'IL
NE FAUT PAS ATTENDRE.

MON PROJET EN ATTENTE, C'EST...

PENDANT CE TEMPS, JE VAIS ME CHANGER LES IDÉES EN...

DESSERREZ LES MAILLES DU FILET

On entend souvent parler d'«action-réaction». Mais on oublie que, pour qu'il y ait réaction, il faut que quelque chose fasse résistance : nous. Nous fonctionnons parfois un peu comme les mailles très serrées d'un filet. Nous opposons une résistance à ce que l'on nous dit. Observez ce qui fait résistance en vous et qui vous fait ressentir un mal-être.

Le but, en faisant cet exercice, est d'écarter peu à peu les «mailles du filet», afin de laisser passer ce que les autres nous envoient. Vous ressentirez un plus grand bien-être et votre quotidien en sera amélioré.

OPPOSEZ LE MOINS DE RÉSISTANCE POSSIBLE.

LORSQUE JE FAIS FACE À CETTE SITUATION

Quand une personne me critique.

...

CE QUI RÉSISTE EN MOI, C'EST...

Mon orgueil.

POUR DESSERRER LES MAILLES, JE VAIS...

Écrire mes qualités sur un papier, puis prendre du recul : est-ce vraiment moi qui l'énerve ou autre chose ?

PARLEZ PEU MAIS EFFICACEMENT

Certaines personnes ont tendance à parler pour ne rien dire, ou pour impressionner les autres. Il vaut mieux parler peu, mais efficacement. Pour y parvenir, il faut savoir où l'on veut aller, bien concevoir les choses et les exposer calmement.

Si en amont nous concevons clairement nos pensées, notre discours sera naturellement fluide. Cela n'empêche pas la spontanéité et l'enthousiasme ! Il faut trouver l'équilibre entre les deux.

SOYEZ ATTENTIF À VOS PROPOS.

CE QUE JE DIS EN PLUSIEURS PHRASES

...

JE VAIS LE DIRE DE MANIÈRE PLUS CONCISE

SOYEZ TEMPÉRÉ

En fonction de ce que l'on vit et de ce que nous disent nos interlocuteurs, nos réactions sont diverses et peuvent même être vives, surtout quand les propos suscitent des émotions fortes. Il vaut mieux parfois s'astreindre à prendre quelques secondes pour réfléchir à la réponse à donner.

Plus la situation est complexe, plus il est pertinent de donner une réponse intelligente, adaptée à la situation et aux personnes en présence.

ADAPTEZ VOS PROPOS À LA SITUATION.

DANS CETTE SITUATION, J'AI RÉAGI AVEC FORCE

...

J'AURAI PU ÊTRE PLUS TEMPÉRÉ EN...

SOYEZ MAÎTRE DE VOUS

On se laisse parfois porter par notre manière d'agir inconsciente. Apprenez à rester maître de vos émotions : cela fait partie du travail sur soi. Attention : acquérir de la maîtrise dans de domaine nécessite un effort permanent.

L'avantage de faire ce recentrage est que l'on appréhende les événements difficiles avec plus de recul, plus de neutralité et plus de sérénité. On se repositionne plus facilement. On se laisse moins déborder par les événements, on les subit moins.

APPRENEZ À GÉRER VOS ÉMOTIONS.

DANS CETTE SITUATION, JE ME SUIS LAISSÉ ENVAHIR PAR MES ÉMOTIONS

L'autre jour au bureau ; ce matin en voiture…

…

POUR CORRIGER CELA, JE VAIS…

Apprendre à fermer les yeux et respirer un grand coup ; mettre une musique douce en voiture…

TRANSMETTEZ

À force de travail, on acquiert de l'expertise et il arrive un moment où l'on est en mesure de la transmettre. Cela peut être de manière bénévole ou rémunérée, peu importe. Cela fait partie du cycle de la vie : on naît, on reçoit, on donne, on meurt.

Qu'avez-vous à transmettre aux autres ? Vous avez certainement des compétences, un savoir-faire que d'autres n'ont pas, que ce soit dans votre vie personnelle ou professionnelle.

TRANSMETTEZ CE QUE VOUS AVEZ APPRIS.

JE SAIS...

JE VAIS L'ENSEIGNER À...

DONNEZ

Il est important de donner : un peu de temps, des compétences, de l'attention, ou autre chose. Donner c'est partager une part de soi, de la vie en nous, avec quelqu'un qui en a besoin. Donner ne diminue pas, au contraire, cela grandit.

Tout garder pour soi n'est pas une bonne chose. La quantité importe peu, l'essentiel est de s'inscrire dans ce mouvement de don. Il s'agit juste de donner à votre rythme et selon vos capacités. Sans chercher à recevoir.

ON EST RICHE DE CE QUE L'ON DONNE.

JE DÉCIDE DE DONNER...

...

À...

(PERSONNES, ASSOCIATIONS...)

MONTREZ L'EXEMPLE

Exploitez toutes vos qualités, montrez que vous êtes capable d'apprendre de vos erreurs. Si vous donnez toujours le meilleur de vous-même et que vous veillez à vous élever constamment au meilleur niveau, vous deviendrez un moteur pour les autres. Certains pourront même vous suivre : même si ça n'en est pas le but, c'en est une conséquence.

En menant votre propre vie, vous ouvrez une voie. Les personnes qui vous entourent, en percevant que c'est réalisable et en vous voyant épanoui, auront envie de suivre un chemin similaire.

SOYEZ
UN MENEUR.

CES PERSONNES ONT ÉTÉ MOTEUR POUR MOI

...

DERNIÈREMENT, J'AI ÉTÉ MOTEUR POUR...

REVENEZ AUX FONDAMENTAUX

Vous avez travaillé sur toutes les notions présentées dans ce livre ? Très bien. Mais les appliquez-vous régulièrement ? Dès lors que l'on a utilisé une ou deux fois ces notions, on a tendance à penser que cela suffit. C'est faux : nous vous invitons à y revenir régulièrement, car ce sont des fondamentaux que l'on peut approfondir de multiples manières.

Faites-vous une liste de thématiques : créativité, organisation, innovation, régularité, travail, etc. Pour chaque thématique, définissez vos fondamentaux, et reportez-vous-y régulièrement.

LES CHOSES ESSENTIELLES SONT... ESSENTIELLES.

EN PARCOURANT CE LIVRE, JE DÉCIDE DE REVENIR AUX NOTIONS SUIVANTES

...

INDEX DES C

Avec suggestions de renvois, pou

Ouvrage publié sous la direction de Laure Paoli
Réalisation éditoriale : Véronique Galland
Relecture et corrections : Cécile Chavent
Conception graphique et illustrations : Stefanie Buard
Mise en pages : Séverine Morizet

Impression : Blackprint, mai 2014

Éditions Albin Michel
22, rue Huyghens, 75014 Paris
www.albin-michel.fr

ISBN : 978-2-226-25709-3
N° d'édition : 21152/01
Dépôt légal : juin 2014
Imprimé en Espagne